AF322351

Les Paroles du XXᵉ siècle

DIRECTION F. DE JOANNIS

JEAN CHIAPPE

PAROLES D'ORDRE

Eugène FIGUIERE, éditeur

Paris

MCMXXX

IL A ÉTÉ TIRÉ DE CET OUVRAGE
26 EXEMPLAIRES SUR HOLLANDE VAN
GELDER HORS COMMERCE DE A a Z
ET 300 EXEMPLAIRES SUR ALFA
NUMÉROTÉS DE 1 A 300.

N° 126

J'aime mieux
prévenir que réprimer.

Jean Miatff

PAROLES D'ORDRE

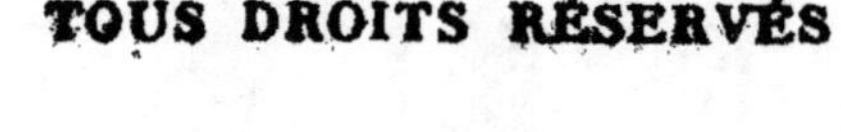

Les Paroles du XXe siècle

JEAN CHIAPPE

PAROLES D'ORDRE

Eugène **FIGUIÈRE**, éditeur
Paris
MCMXXX

AVANT-PROPOS

Le Préfet de Police Jean Chiappe est un « homme », dans l'acception la plus étendue et la plus forte du terme: énergie, intelligence, spontanéité, sens aigü de l'opportunité, courage immédiat, sont quelques unes de ses qualités majeures. Il en a beaucoup d'autres qui parent le chef dont les parisiens sont fiers.

parce qu'il sait installer dans leur ville la sécurité et l'ordre.

Le labeur du Préfet de Police est immense et multiple: Application incessante à la spéculation administrative, à la confrontation des statistiques et des barèmes, en plus de laquelle il trouve le temps d'assurer sa présence au Conseil Municipal et d'y défendre, en des exposés décisifs, les agissements du Préfet de Police et de ses agents, les intérêts de Paris et la paix de la rue.

En dehors de cette tâche écrasante, M. Jean Chiappe préside, inaugure des fêtes, des expositions, des banquets. Il commémore des anniversaires, honore des funérailles, et, dans toutes ces cérémonies, on peut entendre sa voix bienveillante qui fait irruption dans le cœur.

C'est dans tous ces discours, ces exposés, ces rapports, que nous avons cherché la substance intellectuelle, les pensées avec lesquelles nous avons composé ce petit livre

que nous offrons au lecteur
sous le titre :

« Paroles d'Ordre
de Jean Chiappe »

Il est l'organisateur de l'ordre, il est son défenseur, il est son chef. Par ses paroles, il l'assure; par ses actes, il le fait respecter.

Si nous arrivons à prouver au public que notre Préfet de Police est une figure exceptionnelle de ce temps, qu'il est un homme doué d'un bon sens et d'une mesure remarquables,

d'un terrible appétit de dévouement, qu'il défend nos
intérêts avec acharnement envers et contre tout, qu'il a
élargi notre sécurité et notre
confiance en les transportant
de la plaine sur la montagne,
qu'il a appliqué des idées neu-
ves qui sont en même temps
des idées fécondes, si nous
arrivons, avec l'aide de ses
propres armes, à prouver cela,
notre tâche n'aura pas été
vaine, après avoir été respec-
tueuse et dévouée.

Ces Paroles d'Ordre, c'est

2

M. Jean Chiappe qui les a toutes prononcées : éloquentes, bienveillantes, sévères, prophétiques, rassurantes, éclairées, elles sont les reflets de l'âme de ce grand travailleur, de ce chef, grâce à qui les parisiens et leurs hôtes dorment tranquilles et se promènent heureux.

Notre travail a été d'assembler, de lier entre elles, les pensées, les phrases qui marquent le mieux la personnalité du Préfet de Police, afin de présenter au public une syn-

thèse de son œuvre de force et de dévouement.

Nous sommes heureux d'avoir pu ainsi servir un homme d'une telle qualité et de le présenter à nos lecteurs dans sa vigoureuse simplicité.

F. DE JOANNIS.

L'ORDRE

Si l'humanité s'avisait un jour de rechercher quelque acropole pour y édifler le temple de l'Ordre, la France pourrait sans vanité proposer ses collines et ses monts.

C'est que l'ordre y a toujours été l'objet d'une dévotion qui ne souffrait guère la contrariété.

Il n'est pas paradoxal d'affirmer que tous les désordres dans lesquels s'est jeté le peuple français, au cours de sa lente ascension vers la liberté, n'ont été que les preuves de son héroïque obstination à créer enfin l'ordre social de ses aspirations. Frondes ou révolutions tendaient à rétablir un équilibre entre les citoyens, à réprimer des désordres causés par l'égoïsme des uns et la veulerie des autres. Un jour vint où nos ancêtres purent enfin inscrire au fronton de leurs monuments les trois mots qui symbolisaient l'ordre selon leur cœur :

Liberté - Egalité - Fraternité
Ce jour-là, le désordre n'avait plus de raison d'être.

Qu'un peuple opprimé, contraint au silence devant les plus outrageantes manifestations du despotisme, en appelle à l'insurrection, Robespierre lui crie qu'il accomplit *le plus saint des devoirs.*

Mais comment excuser ceux qui cherchent le triomphe de leurs idées dans d'affreuses luttes fratricides, alors qu'ils disposent de toutes les tribunes publiques ou privées pour faire entendre leur voix.

Quelle excuse peuvent invoquer, sinon leur indignité et leur esprit malfaisant, ceux qui prétendent que les assemblées communales, les conseils départementaux, les parlements, les clubs, les journaux, les affiches murales, les imprimés, les réunions publiques ne suffisent pas à leur propagande et qu'il y faut, de surcroît, la bataille dans la rue?

Lorsqu'il est permis de penser, de parler et d'écrire librement, on ne saurait recourir au désordre sans en porter la lourde responsabilité. « *Qu'ils soient tous absous*, a dit Alfred de Vigny, *excepté ceux qui osent toucher à la vie.* »

La France est par essence et destination le pays de la mesure. C'est son ciel, c'est son climat, c'est la douce variété de son sol qui l'attestent. C'est le pays de la clarté et le génie de la race qui y vit est un génie de mesure et de clarté. Ces vertus rendent scabreuse la tâche des apôtres de brumeuses religions politiques. Ne pouvant convaincre, ils voudraient imposer. De là viennent toutes leurs tentatives de désordre, soit à des dates rituelles — 1ᵉʳ mai — soit à des époques fixées par des augures qu'on ne rencontre jamais aux lieux où les combats doivent être livrés.

Combats depuis trois ans

sans chocs meurtriers, combats, pourrait-on dire heureusement, où il manquait
surtout des combattants. Sans
doute est-ce parce que la police monte bonne garde et
sans cacher son jeu. Toutes
ses troupes sont présentes et
visibles. Elles savent qu'elles
n'auront pas à s'émouvoir aux
cris d'angoisse des chômeurs
— la France n'en compte pas
— ni aux cris de révolte des
opprimés — les Français sont
libres et égaux entre eux —.
Non ! Des mercenaires étran-

gers, des illuminés, des égarés voudraient se ruer sur la foule paisible des promeneurs, des commerçants, des artisans...

Halte-là ! La police veille.

Et la population elle-même, nous l'avons souvent constaté, n'est guère disposée à laisser troubler ses loisirs.

Ne suffit-il pas à notre Patrie d'avoir des blessures de guerre encore ouvertes ; ne suffit-il pas à notre démocra-

tie d'avoir à réparer les ra-
vages causés dans notre Sud-
Ouest par les éléments ; faudrait-il encore qu'elle s'épuise
en émeutes, en guerres civi-
les?

Et pour quels résultats?

Ce qu'on en connaît est
peut-être une incomparable
raison de comprendre l'ordre
et de l'aimer.

***

Ceux qui ne connaissent point notre pays, la Corse, ceux qui ignorent cette étonnante race qui ne comporte ni aristocratie, ni prolétariat, mais une seule caste d'hommes libres, ceux-là ne goûteront jamais la saveur de l'apostrophe que le marin ajaccien jeta à son ami d'enfance, au général Bonaparte tout resplendissant de ses victoires d'Egypte : « O Nabulio a chi l'avessi dita » (1). Je ne fais, vous l'entendez bien, aucune assimilation de personnage. Mais, lorsque je pense à notre enfance ajaccienne, à nos jeux sur les rochers du golfe, à nos courses dans le maquis voisin de la ville, du côté de la Grotte, je me dis qu'à chacun de nous, quelque vieux camarade du port ou de la montagne peut jeter : « O cumpagnô, a chi l'avessi dita ! » (2).

(1) O Napoléon, qui l'eût dit !
(2) O Compagnon, qui l'eût dit !

A plusicurs reprises, une question m'a été posée. Je vous la redis brutalement : « La police est-elle sûre? »

Voici ma réponse : Par son loyalisme sincère, par son attachement convaincu à nos institutions, la police mérite et justifie la pleine et entière conflance du Gouvernement.

Ce dévouement à la République qui anime tous nos collaborateurs doit être, aux heures actuelles, encore plus ardent et résolu que jamais. Il ne faut pas que les difficultés économiques et financières qui pèsent sur le pays soient un prétexte à des agitations factieuses. Il faut que la paix publique soit maintenue ; il faut qu'à aucun moment l'ordre ne soit troublé : ceci est absolument indispensable pour que le Gouvernement de la République puisse poursuivre dans la paix intérieure et l'union de tous son œuvre de redres-

sement financier et économi-
que.

Pour cette œuvre essentielle
au salut de la Patrie, je fais
appel au dévouement professionnel de tous ; je vous demande — et le Gouvernement
vous le demande par ma voix
— de rester toujours nettement et résolument républicains ! Il faut que tous, par
votre attitude et vos ac-
tes, vous donniez sans cesse
l'exemple d'un attachement
sans défaillance aux idées et
aux principes qui ont formé

et constituent la tradition ré-
publicaine, qui sont l'essence
et l'esprit même de notre démocratie !

La bonne volonté a une
vertu contagieuse ; elle appelle les sympathies agissan-
tes et elle autorise ainsi les
plus beaux espoirs.

Commissaires de police de la Ville de Paris :

Vous avez prononcé les deux mots qui vous définissent : Magistrat et Soldat. C'est parce que vous êtes l'un et l'autre, soldat et magistrat, noblesse de robe et noblesse d'épée, que vous seuls ne pouvez arborer une devise qui établisse la suprématie de l'un de ces attributs sur l'autre. Magistrat, comment pourriez-vous le proclamer sans marquer une espèce d'écart vis-à-vis de votre rôle de soldat, et comment arriveriez-vous à jouer exclusivement le rôle de soldat sans manquer un peu à votre magistrature? Vous êtes l'un et l'autre!

***

Dérèglement des prix, dérèglement des mœurs ; ceci est fonction de cela. Dans une cité où toutes les élites étrangères souhaitent ardemment de séjourner, notre coquetterie doit être avant tout une coquetterie morale.

Paris doit avoir une politique de prestige. Capitale de bonne humeur, Paris doit être une capitale de bonne tenue.

*
**

Naguère on disait : « Faire de la police » ; je veux plus simplement et plus humainement : « Faire la police ». Je mets tout mon programme dans cette nuance.

*
**

Le Gouvernement, qui m'a préposé à la sécurité de Paris, m'a, du même coup, préposé au soin de ses misères jamais dénombrées. Entre la charité privée et l'assistance publique, il y a une charge de souffrance obscure qui doit émouvoir la sollicitude de mon administration. C'est proprement la besogne sacrée de mon emploi ; je n'en parle pas ; je suis sûr de l'accomplir...

Ma devise est simple et brève, elle exprime clairement ma pensée la plus profonde et mon sentiment le plus intime : *Main ferme et cœur généreux.*

La police, en effet, a un double rôle à remplir. Elle a le devoir de garantir la sécurité de tous et de maintenir la tranquillité générale; elle a pour tâche de réfréner les impatiences, de maîtriser les excès; elle doit prévenir avec vigilance et réprimer avec la fermeté et la sévérité nécessaires tous les projets et les attentats qui pourraient être dirigés contre l'ordre public et la sécurité nationale.

Mais si la police est contrainte à la répression, elle

est également la sauvegarde des droits du faible et la protection des malheureux.

Telle est ma conception du rôle de la police. Elle est la règle directrice de l'action que j'ai entreprise.

Il faut que nous offrions quelque repos à nos juges et à nos bons amis de la presse, en appelant l'âge d'or, c'est-à-dire le moment où Paris ne fournira presque plus rien à la rubrique des délits et des crimes.

Quand il s'agit de la santé publique, aucune mesure ne doit être ni définitive, ni catégorique. C'est à l'expérience de nous guider, de nous conseiller et de susciter tous les changements qui paraîtraient préférables.

Paris n'est pas de ces agglomérations dont l'aspect

uniforme peut être bouleversé
par une cause particulière.
Paris est une ville que l'on
pourrait nommer la cité aux
quatre-vingts visages, en ajou-
tant qu'il existe parfois plus
de différences entre certains
quartiers qu'entre un coron
picard et un mas provençal.

Nous avons trop, les uns et
les autres, le souci du commerce parisien, nous aimons
Paris d'un amour trop atten-

tif et trop jaloux pour que notre surveillance à cet égard puisse un jour être surprise. Accordez-moi que, dans cet ordre, je n'aurai jamais à me justifier de la moindre imprudence.

Dans la solidarité qui s'établit chaque jour plus étroite entre la Capitale et la banlieue, les communes suburbaines ont droit au bénéfice progressif des améliorations dont Paris, jusqu'ici, a toujours profité le premier.

Elles ont droit avant tout à la sécurité, qui ne saurait être le privilège des grands centres ; le principal devoir du

Préfet de Police est d'étendre à tout le cadre départemental la protection d'une saine et vigilante police.

Je mets à leur service une bonne volonté accrue d'un penchant impérieux pour les travaux diligents et les solutions rapides, car j'estime que, dans le domaine des réalisations urbaines et suburbaines, pour faire bien, il faut faire vite.

On a voulu mettre tout le prolétariat en mouvement ; nous avons couru vers tous les points de Paris et nous nous sommes transportés de banlieue en banlieue autant pour garantir l'ordre public que pour épargner à des exaltés d'irrémédiables coups de tête.

Nous ne pouvons pas garantir les bienfaits de l'organisation sociale à des agglomérations qui se forment, notamment *sur la zone,* au mépris de toute organisation.

La zone et la banlieue parisiennes ne sont pas pour moi des régions suburbaines, elles sont des parties de ce grand Paris qui, dans mon cœur et dans ma pensée, ne subit ni morcellement ni amputation.

4

Je n'ai pas de préférences, et je ne connais pas de barrières, dès qu'il s'agit de l'ordre, de la sécurité, de la santé des Parisiens.

Lorsque le Préfet de Police franchit une des portes de Paris, il ne se débarrasse pas, sur un bulletin vert, des soucis que lui imposent non seulement sa charge, mais ses sentiments personnels.

Le problème de la circulation se pose chaque jour, et d'une façon de plus en plus aiguë ; il est une manière de supplice renouvelé des Danaïdes, car il est à reprendre lorsqu'on croit l'avoir résolu.

Comme l'a dit un homme d'Etat, « le monde est excédé de lenteur ; il s'est créé une mystique de la vitesse ». Or, cette mystique ne dispose dans Paris que de rues très étroites ; il faut que la police y supplée par son intervention et qu'elle organise elle-même la circulation, afin de la rendre plus aisée et plus rapide.

Il faut aussi, ne nous le dissimulons pas, que les piétons et les chauffeurs cessent d'être des frères ennemis.

Actuellement, ils le sont. Suivant qu'il est au volant de sa machine ou qu'il se promène, le même individu connaît des états d'âme diamétralement opposés.

Et ces états d'âme se ramènent à peu près au mépris
vexant du plus fort et à la colère vaine du plus faible.

J'ai pour les piétons toute
la sollicitude d'un piéton impénitent; il n'en est pas moins
vrai que leurs imprudences
sont fréquentes.

Par les obligations que je
leur impose, c'est contre euxmêmes, contre leur distrac-

tion ou leur témérité, que je veux protéger les piétons.

En corollaire, je serai d'autant plus à l'aise pour me montrer sévère envers les conducteurs de véhicules que les piétons se seront plus strictement conformés à mes instructions.

*
**

« Tout le malheur des hommes vient d'une seule chose qui est de ne pas savoir demeurer en repos dans une chambre. »

Je m'imagine que Pascal ne se livra à cette méditation qu'après l'accident de circulation dont il se ressentit toute sa vie. N'empêche qu'il coopéra, lui aussi, dans la moindre mesure, à la multiplication des véhicules, puisqu'il inventa la brouette.

On a fait mieux depuis, et tout a obstinément tendu à jeter les hommes hors de chez eux. Les voilà dans la rue et nous avons la délicate mission d'assurer leurs déplacements avec le minimum d'ennuis et le maximum de vitesse et de sécurité.

La circulation est un excès
de santé qui résulte de l'activité sans cesse croissante de
notre capitale, c'est le signe
d'une prospérité que nous
avons le droit de sauvegarder.
Il faut, par conséquent, favo-
riser tous les moyens de
transports rapides sans en
supprimer aucun ; il faut circuler vite et partout.

*
* *

La circulation n'est pas gê-
née par la voiture qui circule,
la circulation ne souffre que
d'une maladie : l'encombrement; qu'il soit dû aux voitures qui stationnent, aux voitures qui s'engagent à faux
dans les files, aux voitures qui
se déplacent lentement ou à
celles qui, roulant sur rails,
ne peuvent pas se déplacer librement.

******

Le centre de Paris n'est plus un appartement, il est devenu un magasin et un bureau.

Pour s'en rendre compte, il suffit de s'y rendre le dimanche. Tous les autres jours de la semaine, du lundi au samedi, ce sont des milliers et des milliers de personnes, vendeurs, acheteurs, employés et clients, sans compter les touristes, qui s'y pressent en perpétuelles allées et venues ;

c'est, à certaines heures, un flux et un reflux, parfois confondus, qui aggravent le problème et nécessitent des mesures particulières.

Gardons-nous de porter atteinte au visage de Paris, tel que les siècles l'ont façonné, tel que l'univers vient l'admirer, tel que nous l'aimons.

Entreprenons sans plus de retard les travaux indispensables, quelle qu'en soit l'importance, mais donnons à la génération actuelle, déjà si éprouvée, et qui en supportera la gêne et la charge, la garantie que ces travaux pourront répondre aux exigences du Paris de demain.

La discipline fût-elle parfaite en général, le rythme du progrès, particulièrement rapide à Paris, nous entraîne fatalement à la recherche de solutions nouvelles.

Paris est un ensemble dont on ne saurait dissocier et contrarier les éléments sans risquer d'en compromettre l'harmonie. Gardons-nous donc de mettre en conflit le piéton et l'automobiliste, le touriste et l'habitant, le promeneur et l'homme d'affaires.

Rappelons-nous surtout que Paris n'est pas une ville de plaisir, mais une ville de travail, dont le commerce est l'une des plus sûres richesses et l'un des principaux facteurs de son rayonnement à travers le monde.

On circule à Paris pour aller à ses affaires et il faut y

aller vite ; mais les mesures qui permettront cette rapidité ne devront pas nuire à notre commerce, à notre industrie, aux approvisionnements, aux livraisons, aux promenades de nos touristes, à tout ce qui est indispensable à la vie même de Paris.

Entre ces multiples exigences, il nous appartient d'établir un juste équilibre.

Je me présente non pas comme un thaumaturge prêt à réaliser des miracles, mais comme un administrateur qui, ne pouvant tout transformer en bloc, s'efforce d'atteindre, palier par palier, la perfection la moins douloureuse.

5

***

La plupart des usagers, par une tendance toute naturelle, cherchent la solution à travers la glace de leur pare-brise. Ils créent ainsi un univers à la mesure de leurs désirs.

Ils l'opposent à nos essais en oubliant que nous sommes à un poste d'écoute et de vigie où nous parviennent toutes les rumeurs et toutes les images de la ville.

Chacun voudrait circuler et stationner à son aise.

Nous l'y aiderions bien volontiers si nous n'avions le souci de 100.000 autres véhicules et de quelques millions de piétons dont la circulation et les échanges assurent à Paris ses richesses, son éclat et son rayonnement.

***

Notre frère, le piéton, dont quelque poète écrira un jour « La Passion », domine, qu'on le veuille ou non, tous les débats dont le sujet est: la circulation. D'abord, parce qu'il fait en grande partie, comme contribuable, les frais de transformations, légères ou onéreuses, que nous entreprenons, ensuite, parce qu'on ne peut guère exécuter le moindre travail sans entraver sa

course ou sa promenade; enfin parce que, sur certains sujets, tels que l'interdiction de
la maraude, l'abatage des ar-
bres, le rescindement des trot-
toirs et leur encombrement
par les chantiers, la suppres-
sions des tramways, il est
fondé à prétendre que son opinion n'est pas négligeable.

Et aussi sans doute est-il
en droit d'estimer que les trop
rares passages cloutés qu'on
offre à sa sécurité, — que les
automobilistes feignent de ne
pas voir, comme lui-même

feint souvent de les ignorer,
et la situation durera malheu-
reusement tant qu'il ne sera
pas possible de multiplier ces
passages — le piéton est en
droit de soutenir que ces clous
ne sont pas une compensation
suffisante et à ses sacrifices
et à ses tracas.

Malgré mon dévouement à
la cause des automobilistes,
il m'arrive souvent de parler
avec l'âme du piéton, ce piéton que j'ai été si longtemps
et que je redeviens aussitôt
que j'en ai le loisir.

❦

On médit à tort des Parisiens, ils sont plus facilement gouvernables qu'on ne le croit d'ordinaire.

Certes, je suis loin de prétendre qu'au carrefour, le petit trottin ou le saute-ruisseau ne protestent pas. Il est même probable qu'ils ont l'un et l'autre, sur la façon de traverser les rues, des conceptions qui ne sont pas les miennes, sans quoi ils ne seraient pas parisiens.

Ils réclament, ils discutent, ils récriminent, ils raillent à la manière de chez nous, moqueuse mais pas méchante, les agents et beaucoup plus encore leur chef, mais ils obéissent quand même.

⁂

A côté de ceux — et ils sont heureusement les plus nombreux — qui ont conservé les vertus d'épargne et de travail dont s'est toujours honoré le commerce français, à côté de ceux-là, combien sont pris de la frénésie de s'enrichir vite et quelquefois par tous les moyens.

On parle de mercantis et de
gros spéculateurs. Je réponds
simplement: donnez-moi un
nom, une adresse, des preuves !

J'affirme que mes services
exercent la plus grande vigilance et que cette vigilance ne
faiblit pas en montant les de-
grés de la hiérarchie commerciale.

On se plaint de la gêne que causent quelquefois, dans nos rues, les opérateurs de cinéma.

Il n'est de progrès qui ne se paie; il n'est bonne propagande qui ne vaille quelques sacrifices.

Nous sommes trop attachés à l'avenir du cinéma français, nous en comprenons trop l'importance et quel admirable instrument de propagande il est, pour ne pas l'utiliser notamment à la diffusion des aspects prestigieux de notre ville et sans, toutefois, troubler l'ordre, les habitudes et les occupations des parisiens.

Un fleuve et un canal sont des chemins mouvants, très souvent encombrés comme nos rues ; il y faut une police de la circulation : c'est la brigade fluviale qui en est chargée.

Un fleuve est aussi un domaine où la pêche est quelquefois gardée et où des engins sont prohibés ; il faut avoir des gardes contre le braconnage : c'est la brigade fluviale qui les fournit.

Enfin, un fleuve est une suite de ports et d'entrepôts; l'Etat y met ses douaniers et la Ville ses gabelous; il faut donc une surveillance contre le vol, et c'est la brigade fluviale qui doit l'assurer.

Nous avons à nous préoccuper de la circulation sur la Seine et, en même temps, d'une surveillance plus rationnelle du fleuve.

Nous avons le devoir d'apporter aux noyés notre aide la plus immédiate et la plus efficace.

A une époque où les sports prennent une place si importante dans l'activité de la jeunesse, les éducateurs doivent veiller à l'utilisation éventuelle des forces ainsi développées, cependant que je m'efforcerai d'améliorer l'organisation de nos rives et de nos berges.

Je me suis demandé pourquoi les noyés éveillent en nos

cœurs une sollicitude toute spéciale... et j'ai pensé que si chacun de nous ne dédie pas un sentiment pareil aux autres victimes, c'est que chaque fois qu'un être humain se noie volontairement ou non, la Société se sent un peu coupable.

C'est que l'eau accorde ce que refuse la balle de revolver ou la chute profonde : elle accorde quelques minutes de répit.

La pensée que notre appareil social ne sait pas profiter de ces quelques minutes pour sauver celui que les flots ne livrent pas brutalement à la mort, cette pensée nous est douloureuse et blessante.

6

Chaque cas d'expulsion de locataire est examiné par moi, non seulement avec le plus grand soin, mais encore avec le souci de concilier l'exécution de la loi et les devoirs qu'impose l'humanité.

Il arrive cependant un mo·ment où, malgré la plus large interprétation des textes et la meilleure volonté de la jus-tice et de la police, il faut bien, en définitive, assurer l'exécution des jugements.

C'est surtout quand on parle d'expulsion qu'on peut dire que les représentants des pouvoirs publics sont placés entre l'enclume et le marteau.

Je vous demande de ne pas manœuvrer le marteau.

Dans la ferme volonté de protéger le locataire et d'éviter la disparition inconsidérée des locaux d'habitation, je suis allé et je vais aussi loin que peut le permettre la plus large, la plus humaine interprétation des textes.

L'information trouve dans les bureaux de la rue des Saussaies et dans ceux de la place Beauvau, des satisfactions dont se passerait volontiers notre orgueil d'êtres humains. Pour quelques romans vécus d'amour, de cape ou d'épée, pour quelques faits divers sensationnels ou extravagants dont la curiosité publique serait frustrée, de belles et réconfortantes statistiques, d'inoubliables fêtes de l'esprit ; celles-ci ne sauraient vous faire regretter ceux-là et, moi-même, je rentrerais volontiers dans l'ombre, si j'étais certain d'y trouver l'apaisement et la sécurité pour tous ceux qui, nationaux ou étrangers, vivent sur cette terre si accueillante de France.

D'aucuns diront: « Ce serait trop beau ! » Moi, je dis: « Ce n'est pas impossible ».

L'opinion publique sur la France demeure ce qu'elle fut,

grâce à la valeur et à l'éclat de nos grands hommes. Elle continue à être de bon aloi et de renommée amicale.

Tout ce qui peut contribuer à améliorer les services, à alléger les finances de la Ville a mon adhésion sans réserve.

Mais lorsqu'il s'agit de services techniques, il ne faut méconnaître ni leur nature, ni leur objet propre.

Les techniciens sont des spécialistes dont le rôle consiste, à propos d'affaire relevant de leur compétence particulière, à donner des avis éclairés à l'administration ou à l'autorité ayant la charge de la décision.

Il y aurait danger à incorporer dans un seul organisme de professions diverses, des techniciens, et il y a peut-être intérêt à les laisser placés auprès des services administratifs qui ont un besoin permanent de leur science, pour la confection des dossiers et la mise au point des décisions.

Quoi qu'il en soit, il faudrait avoir une autre garantie, c'est que soient écartés tous remaniements qui ne consisteraient qu'en un simple déplacement de personnel, un changement de locaux et n'aboutiraient pas à une réforme profonde.

Or, cette garantie, seule une étude approfondie des rouages de la Préfecture de police peut la donner.

Depuis Messidor an VIII et depuis 1871, le parc où nous vivons a été largement envahi par des herbes et par des lianes. Nous avons l'intention d'en faire un jardin à la française, débarrassé de toute broussaille superflue, à la fois clair et bien ordonné.

C'est à cette condition seulement que nous ferons de la Préfecture de Police un ensemble vigoureux et homogène et que notre maison pourra remplir tout le rôle que la population parisienne a le droit d'attendre d'elle.

Je tenterai de donner à la Police les directions, les idées, les moyens qui peuvent en faire une police moderne, telle que je l'ai présentée maintes fois et telle qu'on a bien voulu la comprendre.

On sait que la lettre, chez
nous, est une chose, l'esprit
en est une autre et, dans notre beau pays de France, quelquefois, l'esprit a le pas sur
la lettre.

Les syndicats de fonction-
naires doivent avoir toute la-
titude pour connaître des
questions professionnelles et
pour soutenir les revendica-

tions de leurs adhérents. Par contre, ils doivent s'abstenir de toute ingérence dans les luttes électorales et de toute activité politique. Agir autrement, ce serait affaiblir leur action et compromettre leurs propres intérêts.

En d'autres termes, ils ne sauraient bénéficier, dans le cadre syndical, des droits qui leur sont seulement conférés en tant que citoyens. C'est là, d'ailleurs, le principe et la tradition même du syndicalisme qui s'est toujours abstenu scrupuleusement de toute compromission politique.

Je suis persuadé que mes agents ne se sont jamais écartés de cette règle, pas plus qu'ils ne se sont livrés, quoi qu'on en ait dit, à des excès de langage contre certaines classes de la Société.

Nous sommes à Paris et pour une fois, à Montmartre, ne l'oublions pas, dans le royaume de la fantaisie et, si des propos un peu vifs ont été tenus, je ne veux y voir, quant à moi, que le désir de certains

agents facétieux « d'épater »,
comme on disait autrefois, le
bourgeois, plutôt que de l'ef-
frayer.

Ainsi Alphonse Allais, roi
défunt de ce gai pays, qui vou-
lait un jour marier les filles
de joie aux hommes de peine !
Ce projet est resté à l'état de
rêve !

Certains rêves et certain
langage sont permis à Montmartre, et je voudrais bien,
pour ma part, n'y avoir pas
d'autres sujets d'inquiétude
ou d'intervention.

Quoi qu'il en soit, je suis convaincu qu'il me suffirait, le cas échéant, de rappeler les agents au sentiment de la discipline, aux obligations particulières que leur impose la nature même de leurs fonctions et au respect de la loi dont ils doivent être les premiers à nous donner l'exemple, pour que mon appel fût entendu.

Il ne me déplaît pas que les Commissaires de police, attentifs à toutes les rumeurs de la vie moderne, aient assez de souplesse pour adapter leurs décisions à des exigences imprévues. Il ne me déplaît pas que l'esprit d'initiative souffle sur leur bonne volonté et, pour tout dire en un mot, je préfère des collaborateurs qui prennent des décisions à ceux qui pâlissent sur les textes ou qui torturent les appareils téléphoniques à la première alerte.

Le travail fatigue et use moins que l'oisiveté. La machine humaine se comporte mieux dans l'effort que dans l'indolence et elle dure beaucoup plus.

Il est des sentiments que
les mots trop frêles ne peuvent pas contenir.

Des hymnes de douleur et
de gloire montent de France
et de cent autres pays vers la
dépouille vénérée de Georges
Clemenceau. La nation et ses
alliés ont perdu le Grand
Français qui a su les mener à

la victoire; la Ville de Paris pleure dans le plus illustre des hommes d'Etat contemporains, celui qui fut d'abord l'un de ses élus; qu'il soit permis à la police parisienne de se souvenir que le patriote inébranlable, le prestigieux président, le Père la Victoire, se surnomma lui-même, un jour, « le premier flic de France ».

S'il est vrai que ce sont les petits détails qui font aussi la grande histoire, nous avons le droit, tant pour l'orgueil de nos anciens que pour l'encouragement de nos cadets, de rappeler que Georges Clemenceau voulut unir, par ce baptême cordial et familier, les serviteurs de l'ordre à sa puissante personnalité.

❖

S'il avait voulu, dans sa stoïque préparation à la mort, accéder à nos vœux, il aurait décidé de rester parmi nous, là, où de la Commune de Montmartre à la Présidence du Conseil Municipal, il avait le plus longtemps travaillé, lutté, triomphé.

Mais l'appel des ancêtres a été le plus fort. Ce n'est pas sur les bords de la Seine, dans quelque crypte resplendis-

sante déjà de nos gloires pas-
sées, que « Le Père la Victoire » a voulu dormir son der-
nier sommeil. Il laisse, toutefois, tant de souvenirs attachés à notre sol, à nos places,
à nos rives, que sa présence
continuera d'y être aussi réelle
que si sa dépouille nous avait
été confiée.

Vous ne connaissiez, Capi-
taine Lindbergh, de notre peuple, que sa gloire et ses tro-
phées: vous venez de voir ce
que peut être son enthousias-
me... Par ses chaleureuses ova ·
tions, il n'a pas seulement
manifesté son admiration; il
a exprimé un sentiment plus
profond et plus noble: son
affection.

Ce peuple vous aime parce
que vous avez exalté en nous

la fierté d'être homme et ce qui fait l'incomparable beauté de votre geste, c'est qu'il a réalisé cette grande victoire dont tous les siècles ont rêvé et que la mythologie même n'avait pas osé prévoir.

Vous avez montré qu'il n'est pas de limite définitive au pouvoir de la science et de la volonté sur la nature, même lorsqu'il s'agit de cet Océan, dont Michelet a dit « qu'il apparut toujours redoutable à l'imagination humaine ».

Vous avez vaincu l'espace,

raccourci les distances, rap-
proché les cœurs.

Ce qui rend votre victoire
plus émouvante encore, c'est
qu'elle nous apporte la revan·
che inespérée de ces héros
dont le sort nous angoisse (1),
de ceux-là qui garderont la
gloire d'avoir tenté les premiers la redoutable aventure.

Il n'est pas un être humain
qui ne vous doive des remer-
ciements, mais ceux de notre
Paris sont plus vibrants, par-

(1) Nungesser et Coli.

ce que vous avez voulu consacrer votre victoire au lieu même d'où les nôtres étaient partis.

Aussi, notre pensée ne séparera jamais votre jeune et ardent visage des deux grandes figures de Nungesser et de Coli.

Comme vous, enjambant le parapet du destin, ils ont tenté la sublime escalade, ils n'ont laissé hélas ! entre les rives qu'ils voulaient joindre que le douloureux rayonnement de leur sacrifice.

Les ailes de nos avions ont marqué dans leur rude sillage comme le reflet de deux mains unies.

L'étreinte, que vos héroïsmes ont scellée sur tant d'afflictions et d'allégresse communes, nous est trop chère désormais pour que rien puisse prévaloir contre l'union qu'elle symbolise.

Si l'histoire des Nations vibre toujours aux murs de leurs monuments — et en notre Hôtel-de-Ville tient l'histoire de Paris et une grande partie de l'histoire de la France — il n'est pas d'âme irlandaise qui n'ait en arrivant chez nous, des tressaillements fraternels et des frissons d'orgueil.

Les Irlandais savent qu'ils retrouveront sur notre territoire, le souvenir de nos frères d'armes et de victoire de Fontenoy, et l'auréole des Grands Capitaines et des innombrables héros qu'ils ont donnés à la France.

Notre fraternité part des temps lointains où les Celtes : Gallois, Irlandais et Bretons vivaient dans l e s mêmes camps. Elle ne s'est pas démentie au long des siècles. Nous nous rappelons avec reconnaissance et affection que l'Ile des Aryas, l'Ile des Héros, a offert à notre Patrie, parmi

tant de vaillantes poitrines,
trois maréchaux de France
dont, après les nobles Patrick
Sarsfield et Charles O'Brien,
comte de Thomond et vicom-
te de Clare, le troisième fut
Patrice Mac Mahon qui prési-
da à son aurore la troisième
République Française.

La petite Ile irlandaise a
rempli nos tranchées de trois
cent mille combattants, fidè-
les à l'appel de leur race et
qui défendirent la France avec

8

une foi filiale, une ardeur toute française et une bravoure
où les Irlandais ne se connaissent point de maîtres.

Les vertus de vos héros ne
sont pas nos seuls souvenirs,
ce ne sont pas nos seuls liens.
A ces magnifiques évocations
s'ajoutera, pour les esprits
distingués que vous êtes, la sa-
tisfaction de retrouver chez
nous la trace des pas de vos
savants, de vos artistes, de vos
poètes et les marques d'admiration que nous leur avons
dédiées.

Vous vous réjouissez de retrouver votre jeune et brillant représentant M. V a u g h a n Dempsey, que les voyages ont si bien formé, mais que la France — elle peut en être fière — a retenu malgré les grands espaces australiens, les séductions du boudhisme et les splendeurs romaines ; et cependant que vous vous réjouirez de voir en quelle haute estime nous tenons votre brillant historien le Général James Hogan, ou le Président de l'Association irlandaise de Paris, le très savant et très estimé Lord Ashbourne, nous relirons, nous, les belles histoires du spirituel doyen de St-Patrick, votre incomparable Swift, nous reprendrons nos promenades avec ce Français d'Irlande, Georges Moore, et nous accompagnerons James Joyce dans ses incursions psychologiques ou bien nous nous laisserons bercer par votre exquis James Stephens.

Ah ! savez-vous que la Noël, le Christmas français est depuis longtemps marqué du sceau de la Verte Erin. Au 24 déeembre, pénétrez dans n'importe quelle maison française, vous y entendrez à coup sûr chanter un cantique qu'apporta de chez vous une charmante Irlandaise : Augusta Holmes.

Il suffit de se pencher un instant sur nos deux histoires pour constater combien les échanges ont été nombreux entre l'Irlande et la France.

Aujourd'hui, vous v e n e z pour échanger de loyales marques de camaraderie et quelques coups de poing amicaux ; ainsi du moins s'exprimeraient au sujet d'un match de boxe vos terribles humoristes et singulièrement l e farouche Bernard Shaw.

L'esprit sportif fait de ces miracles que des hommes vont se tanner un peu le cuir pour se prouver qu'ils s'estiment et qu'ils s'aiment.

Je ne puis décemment tenir les Irlandais pour des étrangers. Ils sont en France chez eux par les droits qu'ils y ont acquis et il ne sera pas dit que dans le Pays où trois Irlandais f u r e n t maréchaux d'armée, on les aura traités, même sur le chapitre de la courtoisie, autrement qu'en amis et en frères.

L'amitié scellée dans le coude à coude nécessaire du Devoir est plus forte et plus belle.

Nous aimons à fêter l'en-
tente cordiale, cette alliance
de deux grands peuples qui
n'ont pas seulement associé
leurs efforts pour la défense
de leurs intérêts, mais qui,
surtout, ont pris conscience
de la communauté de leurs

aspirations vers le progrès humain et la réalisation d'un même idéal de liberté et de justice.

Fraternité d'armes pendant la guerre, intime collaboration pendant la paix, l'amitié qui nous unit a acquis dans nos deux pays la force d'une tradition nationale : la sensibilité populaire l'a maintes fois consacrée en de touchantes manifestations — fêtes ou deuils — dont le souvenir demeure vivant dans toutes les mémoires.

*
* *

Le « fair-play » du sport
est un des moyens les plus
sûrs pour nouer entre nous
des amitiés solides et, en même temps, très précieuses au
bien public de nos deux pays
parce qu'elles facilitent les tâ-
ches communes et perfection-
nent nos diverses méthodes
dans tous les domaines, en
particulier dans notre activité de défenseurs de l'ordre.

Mains jointes pour l'épreu-
ve sportive, puis pour la colla-

boration professionnelle et enfin pour la fraternité de peuple à peuple.

Ce ne sont plus tout à fait des désirs que nous exprimons là, puisque nos cérémonies, nos rencontres, notre présence sont des réalités; les shakehands que nous avons échangés sont une preuve nouvelle de nos sentiments et une promesse pour l'avenir d'une amitié dont nous pouvons dire qu'elle est aussi grande dans notre espérance que dans notre souvenir.

Militaires par destination
première, les braves gens que
j'ai l'honneur de commander,
ont petit à petit dépouillé le
vieil homme, celui qu'on appe-
lait le *sergent de ville*, pour
devenir ce qu'ils sont aujour-
d'hui : les gardiens de la paix.

Nés pour régner sous le signe de cet instrument suran-
né que personne, parmi les
anciens ne regrette : le sabre-
baïonnette, vieille chose ! ils

exercent maintenant l e u r s pouvoirs sous le signe de ce sceptre pacifique : le bâton blanc.

C'est un honneur pour un chef que d'être associé aux préoccupations familiales de ses collaborateurs.

Je suis près d'eux dans leurs existences individuelles comme ils sont près de moi dans mes obligations professionnelles.

C'est qu'un même amour nous unit : Paris.

C'est qu'eux et moi nous avons le même désir souvent exprimé comme un acte de foi : rendre Paris chaque jour plus propre, plus sûr, plus accueillant, plus digne enfin de son passé magnifique et de la prestigieuse mission qui lui fut donnée de représenter par son éclat, son harmonie et sa splendeur, la France, notre Patrie.

Les gardiens de la paix ont fait le sacrifice de leur sécurité en acceptant de défendre celle des autres.

La dignité de l'homme, quel qu'il soit, se mesure à son sentiment des responsabilités.

Je sais quelle somme quotidienne d'intelligence, d'énergie, de résistance physique et morale, la Préfecture de Police offre à notre Ville et à la France tout entière.

Ma fierté se voile souvent, bien souvent, de tristesse et d'angoisse lorsque j'apprends que nos camarades ont été frappés par des mains criminelles ou blessés par des inconscients aussi peu maîtres de leur volant que de leurs nerfs.

Hélas, ni dans un domaine, ni dans l'autre, l'accident ou le coup volontaire, ne sont l'exception et l'on reste douloureusement stupéfait devant les chiffres.

...Oui, vous êtes les soldats de l'ordre, de fiers soldats auxquels, tous les jours, nous demandons de nouveaux efforts avec la conviction que vous ne reculerez jamais ni devant les fatigues, ni devant les obstacles, ni devant les dangers.

Lorsqu'on a d e v a n t soi l'exemple de nos morts et aussi celui des survivants, quand on a apprécié la valeur de nos collaborateurs dans le domaine professionnel et dans le domaine social, il suffit aux chefs de mériter leur affection. Le reste : dévouement, générosité, courage, le reste va de soi.

On se demande avec angoisse où s'arrêteront la fureur et l'aveuglement des criminels.

Abominable égarement des esprits malfaisants, plus abominable encore lorsque la victime désignée n'est pas une proie qui se dérobe ou se défend, mais qui s'offre, sans autre recours que sa dignité, à la bassesse et à la violence !

Tous mes collaborateurs ont accepté de mener contre les criminels l'existence du soldat.

Une accusation vaine et non
fondée, portée contre l'un
quelconque de mes agents,
gardien ou inspecteur, si elle
est fâcheuse pour celui qui ac-
cuse, est encore plus fâcheuse pour celui qui est injuste-
ment accusé.

On ébranle sa foi, on risque
de porter atteinte à sa valeur
professionnelle et à son dévouement. Elle est encore plus
déplorable pour l'opinion pu-

blique qui perd à la fin le sentiment des valeurs et ne sait plus à qui réserver ses sympathies et ses haines.

S'il est vrai que la police parisienne a quelque estime et quelque respect pour son chef, elle continuera de se conformer à mes instructions qui sont de garantir toujours la sauvegarde de la liberté individuelle et le respect de la dignité morale et physique des citoyens.

Comme moi, mes agents savent que la Ville est en droit d'exiger du Préfet de Police, qu'il veille sur la sécurité des citoyens et qu'il maintienne l'ordre sans faiblesse ni rigueur inutiles.

C'est net et sans détours.

On ne me trouvera jamais en marge de ce devoir, mais on me trouvera toujours, dans tous les domaines, en garde contre toute atteinte à cet ordre et à cette sécurité.

L'Homme qui va vers son destin, poussé par sa seule conscience, n'est certes pas moins admirable parce que les balles qui le frappent ne sont pas d'un guerrier, mais d'un assassin.

La mort ne fait pas de différence, elle prend le héros militaire et le héros civique avec une même avidité et nous

nous inclinons avec une égale
reconnaissance devant l'un et
devant l'autre.

La vie administrative est
ainsi faite — et la vie tout
court — hélas !... qu'il n'y a
guère d'arrivée qu'un départ
ne précède.

Parisiens appelés hors de
chez eux ou parisiens restant
à leurs foyers doivent avoir
le même sentiment qu'ils sont
protégés et défendus.

Je m'en voudrais de gêner
en quoi que ce soit les parisiens et leurs hôtes dans leurs
plaisirs favoris, s'ils les prennent dans les conditions de

décence et de dignité qui doivent être la marque de la vraie gaîté parisienne.

Je ne m'attaquerai jamais à l'esprit, si osé soit-il. Le talent a droit à notre amitié, quelle que soit la fantaisie audacieuse dont il s'accompagne.

Les étrangers doivent à nos Parisiennes tout le respect

qu'elles méritent. C'est à res-
taurer ce respect que je me
suis employé.

**

Le danseur mondain est un
animateur et un entraîneur.
La danse est contagieuse, je
ne dirai pas épidémique, mais
rien ne donne tant envie de
danser soi-même que de voir
danser les autres.

⁎

Le danseur mondain est né de la guerre. Ce n'est pas le professeur de danse de jadis, non plus qu'un artiste habile exécutant un numéro. Si je devais comparer son métier à quelque autre, je songerais plutôt à ces hommes qui, dans les salons des cercles et des casinos, se voient confier la mission d'allumer les parties de baccarat au laborieux départ.

Les d a n s e u r s mondains n'ont pas de salaire fixe. Leur rétribution ordinaire et principale est le pourboire.

Les pourboires essentiellement variables, sont fonction de l'âge, des apparences, de la sentimentalité, voire même du volume des clientes.

Le passé a des vertus sentimentales. On acquiert, en

l'évoquant, une distinction
certaine et une façon de mé-
lancolie poétique qui vous ga-
gnent immédiatement la sympathie du plus grand nombre.

Je sais bien que le charme
de Paris évolue et que les boulevards ne pourront jamais
reprendre leur aspect de jadis,
de l'époque où ils étaient, non
pas « les boulevards », mais
« le boulevard » du temps où
des écrivains et des artistes

10

avaient leur café de prédilection, où de jeunes et de jolies femmes, venaient mêler leur grâce légère à l'activité intellectuelle.

Quoi qu'il en soit, les boulevards demeurent la scène vivante des passions, des activités humaines, le centre nerveux le plus sensible qui soit au monde. Regardez aujourd'hui les boulevards, on y voit clair !

Je connais assez les Parisiens, depuis trente ans que je vis avec eux pour savoir qu'ils veulent avant tout que leur ville reste saine et agréable et qu'on leur garantisse la paix et la sécurité pour leur travail comme pour leurs plaisirs.

Je suis à un poste d'écoute et de vigie et j'aurais été coupable vis-à-vis de Paris et de moi-même si je n'avais pas tenu compte de tout ce que je savais, de tout ce que j'entendais, de tout ce que je voyais.

Je dois la sécurité, la plus grande sécurité aux honnêtes gens ; cette sécurité ne peut être obtenue qu'à la condition de veiller à toute heure sur la tranquilité de la rue et d'en préserver la santé morale.

C'est en protégeant le Parisien contre les malfaiteurs de tous ordres que nous pourrons rendre à la ville qu'il aime, sa grâce et sa distinction, son sourire sans offense et son accueil fait de charme et de nuances.

C'est parce que j'aime Paris, moi aussi, c'est parce que je l'aime autant que quiconque au monde, c'est par amour pour lui et en reconnaissance de tout ce que je lui dois, que j'ai voulu agir, que j'ai agi.

***

Nous sommes malheureuse-
ment obligés de constater
qu'une nouvelle catégorie de
criminels a surgi. C'est celle
des individus qui cherchent,
dans certaine politique, le
moyen de travestir leurs bas-
ses convoitises. Leurs appétits,
ils les nomment convictions ;
leurs instincts dévastateurs,
ils les baptisent Amour de
l'Humanité et, sous ces apparences de prosélytes et de ré-

dempteurs, ils n'ont qu'un but : l'assouvissement de leurs passions par le pillage, le massacre et la destruction.

Ceux-là, désormais, nous ne les confondrons plus avec les Français ou les étrangers qui, dans notre pays, terre de liberté et lieu d'asile, restent dignes et humains dans l'expression et la propagande des idées les plus hardies.

Ceux-là, nous saurons les démasquer.

***

Notre doctrine est connue ;

Les étrangers reçoivent sur notre territoire la large et bienveillante hospitalité traditionnelle. Libéralement accueillis, sans aucune distinction de race ni de nationalité, ils jouissent des mêmes droits publics et des mêmes libertés que les citoyens français.

La présence de ces étrangers n'est pas sans nous imposer des sacrifices nationaux puisque sans avoir participé à la création et au développement de nos institutions et de nos organisations, ils en profitent comme des Français.

Aussi le moins que nous puissions exiger d'eux, c'est qu'ils s'abstiennent de toute action coupable de troubler l'ordre public.

...Puisqu'ils v i e n n e n t ici pour échapper à des tyrannies, il est absolument inadmissible qu'ils aient la prétention de nous imposer la leur.

Il est inadmissible qu'ils prétendent régler leurs conflits chez nous; qu'ils y transportent leurs passions, qu'ils y organisent des meetings et même y créent des journaux qui troublent l'atmosphère à l'intérieur et créent à la France des difficultés d'ordre international.

Le travail est sacré chez nous et nous sommes là pour

faire respecter ses droits, mais
encore convient-il de ne pas
nous induire en erreur et de
ne pas travestir les conflits
politiques et conflits du travail.

Quand une grève ou un conflit est d'origine politique, les
étrangers n'ont pas à s'en mêler.

C'est la doctrine républicai-
ne. Elle a toujours été appli-
quée. Du moment qu'il s'agit
de revendications profession-

nelles, les étrangers sont par-
faitement fondés à demander,
par exemple, aussi bien que
nos nationaux des relèvements
de salaires. Mais quand il s'a-
git pour eux d'organiser une
manifestation politique ou d'y
participer, nous leur disons
qu'ils n'ont rien à faire chez
nous.

Pour tous, proscrits, émi-
grés, hommes politiques, tra-
vailleurs manuels ou intellectuels, la France est une terre

d'asile, mais elle n'est et ne veut pas être un champ de bataille pour frères ennemis.

S'ils veulent vivre en paix et travailler, les portes sont ouvertes et les bras et les cœurs.

Mais si, au contraire, ils s'installent chez nous pour vider leurs querelles ou pour apporter à certaines factions, des appuis intellectuels, financiers, stratégiques ou belliqueux, alors c'est eux qui manquent aux lois de l'hospi-

talité ; les résultats en sont fatalement le désordre à l'intérieur et des complications à
l'extérieur. Nous ne saurions
le supporter.

Le séjour des étrangers
dans tous les pays du globe
n'est pas un droit mais une
faveur. Laisser transformer
cette faveur en un droit légal
sous prétexte que la France
a toujours donné plus que les
autres et a été de tous temps,
la terre classique de l'hospi-

talité, ce serait une abdica-
tion, une duperie. Nous n'au-
rions plus alors ni contrôle, ni
surveillance, ni sécurité…
*charbonnier ne serait plus
maître chez lui !*

L'étranger que la France
ne veut plus garder, les autres pays ne sont pas tellement
désireux de l'accueillir. Et
quand il a quitté notre sol, il
est rare qu'il ne ressente pas
cette nostalgie qui étreint tôt

ou tard tous ceux qui ont, une fois, connu la douceur de vivre en France, cette France qu'il était si enclin à accuser de sécheresse et d'inhumanité.

Faudrait-il souhaiter la création d'une sorte d'internationale de la surveillance des frontières ? Si elle paraît justifiée en ce qui concerne les délinquants de droit commun, notre amour de la liberté et nos sentiments d'huma-

nité n'accepteraient jamais
que des proscrits soient victimes d'un système qui équi-
vaudrait fatalement à l'extra-
dition, puisqu'ils n'auraient
plus d'autre chemin ouvert
que celui de leur pays d'origine.

Prise entre sa magnifique tradition d'hospitalité et le souci de sauvegarder sa paix intérieure, la Ville de Paris, digne de son passé, fidèle au souvenir de ses propres proscrits, saura épargner à son peuple et à ses hôtes l'injustice aussi bien que le désordre.

On ne saurait bien juger la situation qui est faite par la France aux étrangers qui s'installent chez elle, qu'à la condition d'avoir soi-même voyagé et d'avoir comparé l'accueil de la France et l'accueil des autres nations.

Nous avons eu au lendemain des révolutions européennes, parmi les étrangers les plus turbulents, des Italiens ou des Russes. Eh bien, je demande à ceux qui protestent, en leur nom, contre notre prétendue sévérité, de se renseigner sur les conditions d'entrée et de séjour des étrangers en Italie et en Russie.

Loin de moi, bien entendu, la pensée d'incriminer ces deux pays, non plus que d'autres dont l'accès est rendu si difficile par un formalisme rigoureux.

Chacun se tient sur son seuil comme il lui semble bon et je n'ai aucune appréciation à formuler : je constate simplement des faits.

Si l'on me répond que c'est à cause de certaines dictatures que ces étrangers sont réfugiés en France, je me permettrai de leur demander pourquoi, entre tant de lieux d'asile, ils ont choisi la France.

L'auraient-ils fait s'ils n'avaient eu la conviction que nulle autre nation, ne serait envers eux aussi tolérante et aussi généreuse ?

Si l'on ne se sent pas le courage d'aller ailleurs, qu'on choisisse la France, mais encore convient-il de ne pas abuser de sa bonne volonté.

La France accueille les étrangers à bras ouverts ; elle leur accorde à peu près toutes les prérogatives des citoyens. Ils jouissent d'une liberté et d'une sécurité que les Français ont payées de leur sang. Ils prennent place dans une démocratie où les droits ont été chèrement acquis, et dont personne ne songe à exiger d'eux le moindre prix.

Que leur demande-t-on en

retour de cet accueil, de cette sécurité, de cette liberté ?

Que leur demande-t-on ? Que par leur fait, l'ordre public ne soit pas troublé. Qu'ils ne fassent pas du lieu d'asile qu'ils ont eux-même choisi un champ clos pour combats singuliers. Qu'ils travaillent ou méditent dans le silence et ia paix. Qu'ils aient pour notre pays, pour notre population le même respect que nous accordons à leur malheureux destin.

Voilà leur première obligation.

La seconde ! C'est qu'il est opportun que ceux qui se situent audacieusement dans les lignes de tir, y pensent au moins autant que nous-mêmes. Celui qui, en raison de son passé politique, dans son pays d'origine, ou du rôle qu'il prétend y jouer ; celui qui, par son nom ou par ses titres, provoque de farouches inimitiés et appelle quotidiennement le danger, celui-là a le devoir d'y parer de lui-même.

Isolé, craint-il de ne pouvoir y parvenir ? Alors, la meilleure précaution serait, d'accord avec nous, d'éviter autant que possible les risques et de déjouer les ruses de guerre, puisque notre secours s'est maintes fois révélé efficace.

Puissent mes paroles être entendues par tous les exilés qui sont venus demander une place au foyer des Français.

Que leur sagesse et leur prudence aident à notre surveillance et à notre protection.

Puissé-je, aussi, être entendu au delà des frontières !
Que partisans et adversaires
comprennent enfin que Paris
n'est pas leur territoire de
vengeance et d'expiation et
que leur propre intérêt com-
mande d'épargner à notre
Ville des aventures et des émo-
tions qui la récompensent bien
mal de sa générosité.

Il n'est pas admissible que des jeunes Français, dont je n'ai pas à connaître les tendances politiques, mais qui appartiennent à l'élite intellectuelle de la nation, soient frappés, et risquent d'être tués, parce qu'ils défendent la cause nationale attaquée par certains coloniaux qui ont été sauvagement excités par des ennemis de la civilisation et de notre pays.

Il est inadmissible que des doctrines, dont le dessein avoué est de séparer la France d'outre-mer de sa métropole, de mutiler la grande patrie française, puissent être librement et publiquement propagées par nos propres coloniaux.

Une démocratie, une vieille démocratie comme la nôtre, ardemment attachée à la liberté de la pensée, peut tout entendre et tout lire parce qu'elle sait maintenant où elle va et qu'elle peut y aller sans interdiction ni censure.

Mais qu'à des peuples indigènes, à des contemplatifs dont la civilisation est si lointaine et si différente de la nôtre, dont les esprits sont si crédules, on aille tenir impunément des propos sacrilèges et incendiaires, voilà qui n'est pas tolérable.

Je sais bien qu'il est plus facile de faire un agitateur avec un jeune indigène qu'avec un ouvrier ou un paysan français. Nos adversaires l'ont compris. Ils ne peuvent guère compter sur les défaillances du bons sens qui est la sève même de notre terroir.

Que dans leur pays d'origine, et dans nos villes métropolitaines, ces indigènes aient le titre et les droits du citoyen, cela démontre victorieusement que c'est l'esprit de civilisation qui anime notre pays et non l'esprit d'impérialisme.

C'est la gloire de la France

d'avoir aboli l'esclavage et de donner à des millions d'hommes, avec le bénéfice des progrès scientifiques, cette éducation morale et civique qui les rendra digne de s'administrer eux-mêmes et de participer ainsi personnellement à la vie nationale.

Fidèle à sa mission civilisatrice, la France révolutionnaire de Rousseau, de Voltaire et de Robespierre, la France de 1848 avec Lamartine, Louis Blanc et Victor Schoelder, le libérateur des noirs,

n'a toujours d'autre dessein
que de faire des habitants les
plus arriérés de nos colonies
les égaux de ses propres enfants.

Elle y est parvenue, en Ex-
trême-Orient, aux Indes, au
Sénégal, dans les Antilles et
dans l'Amérique Centrale.

Elle y parviendra partout.

Ce serait folie, alors que le
peuple de France a si longtemps attendu et si âprement

conquis ses droits, que de les
donner avant que les bénéfi-
ciaires en aient supputé et
compris l'importance et la gra-
vité.

J'aime mieux prévenir que
réprimer.

La France donna la pre-
mière au monde l'exemple de
l'égalité entre les citoyens et
de la fraternité entre les peuples.

J'ai le devoir de m'expliquer sur l'activité générale du parti communiste.

Il est indispensable de séparer très nettement les divers éléments de cette activité. Ainsi pourrai-je déterminer avec exactitude le cadre de l'action qui m'incombe comme Préfet de police à l'égard des communistes.

L'œuvre des organisations communistes est double, elle

est à la fois de propagande doctrinale et d'agitation séditieuse. Il y a d'une part, les idées, de l'autre, les actes.

Les principes de la doctrine communiste qui sont notamment la conquête du pouvoir politique par la violence et la destruction des idées républicaines, par l'institution d'un régime de dictature, je n'ai pas à les apprécier et à les qualifier ici.

Mais à leurs efforts pour propager leur doctrine, les organisations communistes ont ajouté des entreprises contre la discipline de l'armée et contre la défense nationale.

Ils poursuivent en même temps des menées contre l'ordre républicain. Ce sont là des faits et des actes nettement délictueux qui relèvent de ma compétence et de mon action directe.

En ce qui concerne d'abord les provocations de militaires à la désobéissance et les injures de l'armée que les groupements communistes, notamment les Jeunesses Communistes répandent par tous les moyens : journaux spéciaux, affiches, tracts, brochures, papillons, la surveillance rigoureuse de la police exercée déjà sous mes prédécesseurs, a permis de saisir un grand nombre de ces imprimés de propagande délictueuse.

En même temps, tous ceux qui, comme auteurs, éditeurs ou colporteurs ont participé à cette propagande ont été déférés à la justice.

La vigilance de mes services sera encore beaucoup plus
attentive contre les entreprises qui sont de nature à compromettre la sécurité du pays.

La divulgation et la livrai-
son à des puissances étrangères de documents ou d'éléments secrets de la Défense
nationale, ce n'est pas de la
propagande, c'est de l'espion-
nage, et c'est un crime de droit
commun.

Je veillerai également avec
l'énergie nécessaire à contre-
carrer toutes les initiatives de
force ou de violence, qu'elle
qu'en soit l'origine.

A toutes les menées qui
pourraient être poursuivies
contre la paix publique et la
tranquillité générale, à toutes
les entreprises qui seraient dirigées contre les libertés ou
les institutions républicaines.

— 184 —

j'opposerai la force souveraine de la loi.

C'est là mon devoir, et je saurai l'accomplir.

Quand j'ai lu dans « l'Humanité » que « Chiappe serait sommé de venir à la Tribune du Conseil Général s'expliquer sur ses provocations et les brutalités de la Police », je me suis juré que Chiappe répondrait à la sommation qui lui était ainsi faite.

Le Préfet de Police est en même temps un libre citoyen, et si comme Préfet de Police il a des devoirs, comme citoyen il a des droits.

La fraction du parti communiste exposait un jour que son parti étant maître de la rue et l'ayant brillamment prouvé, rien ne devait prévaloir contre ses prétentions.

Ces pompeuses déclamations, je les ai alors qualifiées

de fanfaronnades. Aujour-
d'hui, il ne s'agit plus de hau-
taines revendications. Mais,
pour bien vous permettre de
juger mon action, il faut connaître les buts que poursuivent les organisations communistes de la Région parisienne
et les moyens d'action de plus
en plus renforcés qu'elles prétendent, de leur propre aveu,
employer.

Ces buts sont-ils politiques,
économiques et sociaux ? Cer-
tainement non. Les transformations qu'a dû subir, sous

la pression des événements,
dans la vie politique, économi-
que et sociale le régime bol-
chevik en Russie, ont privé le
parti communiste des argu-
ments de fait qui seuls pou-
vaient servir à sa propagande. Peu à peu, toutes les armes lui sont tombées des
mains, une seule lui est res-
tée : c'est l'antimilitarisme.

S'agit-il de supprimer les
armées pour répondre à une

objection de conscience et obéir au vieux précepte évangélique : « Tu ne tueras pas ? » Non. Mais sous le fallacieux prétexte de s'opposer aux menaces de guerre dirigées contre le Gouvernement de l'U.R.S.S. par les Etats impérialistes, aux côtés desquels se trouverait la France, il s'agit de modifier le caractère des exercices militaires auxquels sont astreints nos conscrits et nos réservistes, et d'en faire des meetings communistes, ou tout au moins des manœuvres

d'entraînement pour la lutte
révolutionnaire; il s'agit pour
le cas où, contre toute atten-
te et malgré elle, la France serait obligée de subir une guerre, de doubler cette guerre nationale d'une guerre civile
sous le mot d'ordre du bolche-
visme ; il s'agit, pour tout dire, de transformer nos soldats
français, d'abord en soldats de
guerre civile chez nous, ensuite, en soldats au service de la
révolution mondiale, c'est-à-
dire en gardes rouges au service de la III° Internationale.

Pacifisme étrange qui présente les caractères les plus affreux du bellicisme ; pacifisme à rebours, dont vous devinez tout de suite les conséquences immédiates : rébellion, désertion, avilissement de la conscience nationale, déchéance de la Patrie ; voilà leurs buts.

Pour le parti communiste, mieux vaut multiplier les misères pour multiplier les haines, et le plus clair résultat de tous ses efforts a été, jusqu'ici, de pousser de pauvres petits gars à des actes qu'ils expient en prison ou aux compagnies de discipline !

Cette propagande communiste par l'imprimé, commençait sérieusement à s'appuyer sur la propagande par le film.

Sous le couvert d'associations privées dont les feuilles d'inscriptions se vendaient comme des billets de théâtre, on projetait, entre soi, mais au vrai, publiquement, des films antimilitaristes, aussi antimilitaristes et plus nocifs encore que toutes les affiches, tous les tracts et papillons de la Troisième Internationale.

Pourquoi cette propagande ? Pour faciliter la réussite des meetings, vins d'adieu et fêtes diverses données en l'honneur des conscrits et des réservistes dont la belle ardeur, en attendant qu'elle puisse s'exercer au sein de l'armée, est appelée à se manifester publiquement dans des défilés et à des mouvements de masses, s'ébranlant des semaines durant, car si d'aucuns organisent des semaines de bonté, les communistes, eux, organisent des semaines d'agitation antimilitariste, antinationale et antifrançaise.

❖

La maison commune, aussi
bien que la rue et plus encore,
appartient à tout le monde.
S'il est un lieu où chacun a
le droit de se dire chez lui,
c'est bien la maison commune.

Dans la maison commune,
le respect des opinions de tous
les habitants doit être assuré,
et c'est encore moins là que
sur la place publique que ceux
qui n'aiment pas leur pays

peuvent outrageusement bles-
ser au cœur ceux qui portent
encore l'amour de la patrie.

Je ne répondrai jamais à
des accusations soigneusement
vagues et prudemment collec-
tives.

.

La fraction communiste s'étonne que je poursuive sans répit ni défaillance les outrages contre la Patrie et contre l'Armée. Comment ! Tous les jours les tribunaux condamnent les uns après les autres tous ceux dont la propagande antinationale compromet la sécurité de la Patrie ; tous les jours ils condamnent les uns après les autres les égarés dont elle a suscité, dans l'armée et

dans la marine, les agissements coupables, et l'on voudrait, lorsque ces agissements
et cette propagande devien-
nent collectifs, qu'ils acquiè-
rent une suprême impunité.

La doctrine du Ministère de
l'Intérieur ne varie pas aussi
souvent que les méthodes économiques de la III° Internationale. Notre doctrine est très
simple ; je la connais depuis
trente ans : à Paris et dans la

banlieue, la rue est à tout le monde, et nous ne permettrons jamais que des manifestations y soient organisées par les professionnels de l'émeute ou par les ennemis de la Patrie.

**

Ivry, St-Denis, Paris, Vincennes, les communistes ont voulu que l'année 1929 fût jalonnée par vingt étapes dans la ruée vers l'idéal moscoutaire et vingt fois le Gouvernement m'a chargé de briser cet élan. A chaque tentative avortée, je me rappelais les paroles d'un des plus éloquents parmi les militants communistes : « Les manifestations sont ce que veulent le Gouvernement et le Préfet de Police ; elles finissent bien ou mal, suivant la volonté du Préfet de Police ou du Gouvernement. »

Nous sommes à l'heure des inventaires annuels et je viens dire : Il est possible que vous jugiez que depuis une année vos manifestations ont mal fini ; mais moi j'estime qu'elles se sont bien terminées, puisque, malgré votre parti, il n'y a pas eu une seule goutte de sang humain offerte à vos dieux bolchevicks.

Au débat qui s'est institué, il faut une conclusion.

J'irai volontiers la chercher dans les souvenirs qui étaient si chers à nos pères, dans les textes républicains dont ils nourrissaient l'esprit de leurs enfants.

Aux temps les plus pénibles, aux temps les plus lourds du Second Empire, un homme s'est levé qui a su dire au pouvoir tyrannique les vérités nécessaires sur les libertés nécessaires.

Je les connais par cœur, ces

textes : à certains moments.
j'y trouve du réconfort et des
conseils.

Dans ces paroles prophétiques, M. Thiers a prévu toutes les dictatures de notre
temps :

« Quand la société est privée d'ordre, elle vit dans les
angoisses. Inquiète, agitée,
elle ne travaille pas ou elle
travaille peu. Or, la société
est un ouvrier condamné à ga-
gner, du lever au coucher du
soleil, le pain de ses enfants.
Si elle s'arrête un jour, elle

s'appauvrit. Et, tandis que, privée d'ordre, elle s'appauvrit au-dedans, au dehors elle se déconsidère. Et, ce qu'il y a de plus triste, c'est qu'elle tend de tous ses vœux au despotisme. »

Nous sommes les défenseurs de cet ordre qui est indispensable à la société. Nous veillons sur son labeur quotidien et nous ne voulons pas nous laisser subjuguer par le spectre du despotisme, quel qu'il soit et d'où qu'il vienne.

Depuis cent cinquante années, la France a fait assez d'expériences douloureuses pour ne pas accepter d'être à la remorque de peuples qui en sont encore à l'apprentissage de la liberté et n'en font pas un usage tellement exemplaire.

Tandis que notre Révolution naissante a forcé les portes de l'extérieur par les magnifiques victoires de Valmy et de Jemmapes, d'autres, qui voudraient nous donner des leçons, mirent leur révolution à l'abri de honteux traités de paix et l'enfermèrent dans les cadres de leur police scélérate.

Contre ces singuliers révolutionnaires, nous avons à défendre notre Ville et notre Patrie.

Nous les défendrons, et j'atteste que, dans cette défense, je ne m'abriterai pas derrière ma fonction et mon titre. N'espérez pas que j'esquive mes responsabilités en rappelant que je ne suis qu'un agent d'exécution.

Non, je puis être demain un libre citoyen. Or, Préfet ou citoyen, je m'opposerai toujours, de toutes mes forces, aux factieux, illuminés ou mercenaires, qui voudraient appauvrir mon pays au dedans et le déconsidérer au dehors.

A vous, mes amis de la presse municipale, je dis : je vous dois beaucoup, je vous dois infiniment pour l'aide quotidienne que vous m'apportez dans mes travaux et dans mes recherches, et surtout pour le précieux réconfort que je trouve auprès de vous aux heures difficiles.

La presse municipale parisienne représente pour nous

la gaieté, l'entrain, l'esprit, la franchise, et, pour tout dire, l'accueil de notre prestigieux, incomparable et bien - aimé Paris.

14

Jamais je n'ai tenté, et je
ne tenterai jamais, de porter
atteinte, ni directement, ni in-
directement, à la liberté de la
presse. Mais, comme délégué
de la Ville, et en vertu du rè-
glement de la Préfecture de
la Seine, j'ai, ainsi que mon
collègue de la Seine, un droit
de regard et un devoir de contrôle sur la tenue des kiosques de Paris. J'use de ce

droit toutes les fois que j'estime que certaines propagandes sont dangereuses ou malsaines ou contraires à l'ordre public.

Le kiosque de la Ville donne, en effet, une manière de garantie aux publications qui y sont affichées. On ne saurait nous reprocher d'attenter à la liberté de la presse lorsque nous refusons purement et simplement de donner notre caution morale et des facilités commerciales à une publication que nous trouvons dangereuse.

Si la revue dont il s'agit était uniquement consacrée à s'extasier sur ce qui se passe en Russie et à donner des informations sur l'activité intellectuelle, commerciale et industrielle des Soviets, je n'aurais pas pensé à lui fermer nos kiosques.

Mais, comme les louanges à l'U. R. S. S. ne vont jamais sans d'insupportables accusations contre notre pays et ceux qui en sont l'honneur et la gloire, comme ces accusations sont toujours soutenues par de mensongères et odieuses comparaisons, j'ai jugé qu'il ne nous était pas permis d'aider nous-mêmes, avec nos organisations, à une propagande aussi néfaste.

La duperie serait vraiment trop grande que de lui offrir nos propres éventaires.

L'Humanité est un vieux client de nos kiosques, un client autrefois honoré et dont chacun a pu suivre les évolutions. Qui lit l'*Humanité* et d'autres journaux de parti sait d'avance ce qu'il y trouvera. L'affichage dans nos kiosques ne peut leur conférer aucun bénéfice moral ou matériel supplémentaire.

Au contraire, une revue nouvelle, adroitement présentée sous l'apparence scientifique, comme celle dont on a parlé à cette tribune, constitue une véritable tromperie sur la marchandise à laquelle, pour ma part, je refuse de m'associer.

Je mets qui que ce soit au
défi de trouver un agent provocateur à la Préfecture de
Police.

On parle des indicateurs
dont se sert la Préfecture de
Police.

Je serai net.

Il y a deux domaines : le
domaine judiciaire et le domaine politique.

Domaine judiciaire? Des indicateurs: j'en ai! J'ajoute : « Pas assez, à mon gré ». Je vais plus loin : « Je voudrais avoir pour indicateurs contre l'armée du crime tout le peuple des honnêtes gens ».

Je voudrais voir les Français guéris de cette inexplicable pudeur qui les conduit à de coupables complicités — car le silence même est une complicité — et qui leur interdit de devenir, quand ils le pourraient, les auxiliaires de la justice.

Oui, j'aurais désiré, parce que c'est juste, parce que c'est humain, parce que c'est louable, que les spectateurs du crime de Mestorino ne se crussent pas déshonorés en dénonçant l'assassin. Or, ils ne l'ont pas dénoncé...

Pour corriger cette morale singulière, je suis obligé d'avoir des indicateurs.

Et pour ceux qui estimeraient que « l'indication » fournie par le « mercenaire » est suspecte, je réponds d'abord que cela n'est pas dé-

montré par les faits, ensuite
que j'attends et que je rece-
vrai très volontiers les coura-
geux citoyens qui voudront
prendre le parti de la justice
sans autre désir que de servir
la justice.

Et cela reste vrai dans le
domaine politique.

J'ai horreur des petits pa-
piers, des délations mesqui-
nes, des surveillances sordi-
des. Mais lorsque je sais per-
tinemment que tel ou tel
groupe s'apprête, par des manifestations, à troubler l'or-

dre public, mon devoir, à moi,
est de me préoccuper de connaître exactement le programme de ses démonstrations.

*****

On a dressé la silhouette de l'agent provocateur ! Comme cela me ressemble !

J'ai déplacé des milliers d'hommes, j'ai monté de formidables organisations, j'ai usé dans tous les domaines de toutes les ressources disponibles, pour obtenir ce que je désire par-dessus tout au monde : éviter la bagarre, sous quelque prétexte que ce soit, ne pas verser une goutte de sang, épargner à Paris de douloureux souvenirs.

Voilà ce que j'ai fait.

Mon devoir, à moi, reste de me préoccuper de découvrir le point exact des démonstrations et de les prévenir. Celui, d'où qu'il vienne, qui m'apporte sa collaboration, je l'accepte, et, au bénéfice de l'ordre public, j'en fais mon profit.

J'accomplis ma mission sans arrêt ni défaillance, n'en escomptant d'autre récompense que la tranquillité de l'habitant, la sécurité du promeneur, et aussi l'harmonie de mon Administration.

Car, enfin, avant que je pénètre chez vous, les communistes, vous avez tout tenté pour pénétrer chez moi et pour tout disloquer. Bergers trop entreprenants, la bergère n'a fait que vous répondre.

L'année 1929 fut — entre les années — l'une des plus fertiles en événements de tous ordres, et, par conséquent, pour des hommes dignes du nom, la plus féconde peut-être en enseignements.

Il est indispensable d'en dresser le tableau sommaire, afin que chacun de nous, l'ayant gravé dans son esprit, en puisse enrichir son expérience.

C'est un véritable tryptique qui s'offre à nous :

D'un côté, de vastes et incessantes entreprises contre la sécurité des habitants, contre l'armée, contre la Patrie.

De l'autre, de rudes attaques contre notre action judiciaire et contre notre garde aux institutions républicaines.

Au milieu, les manifestations les plus réconfortantes, des satisfactions plus hautes que nos plus beaux espoirs.

En serviteurs virils que nous sommes, nous avons le

devoir de reprendre avec un égal intérêt et une égale sincérité le cours de ces événements — qu'ils aient été heureux ou néfastes — et d'en tirer pour l'avenir leçons ou encouragements.

❧

Il y eut, non certes recrudescence du mal, mais apparition de procédés nouveaux qui nous ont obligés à trouver sur l'heure des solutions difficiles.

Dans tous les domaines.

Dans le domaine judiciaire : nos inspecteurs ont eu à rechercher les auteurs de ces rares mais abominables méfaits dont les marques sont à la fois un sadisme exacerbé et un extraordinaire sang-froid dans la dissimulation des marques du crime.

J'ai la conviction que, s'il est encore des crimes impunis, les agents de la police judiciaire feront l'impossible pour en découvrir les auteurs, et c'est ainsi qu'ils porteront le plus sûrement la réflexion et la crainte au cœur de ceux qui seraient tentés de les imiter.

Dans le domaine politique, les agitateurs professionnels, les mercenaires du désordre

s'efforçaient, par des straté-
gies qu'ils croyaient invinci-
bles et des tactiques, au demeurant, dangereuses, d'en-
traîner aux pires aventures
de pauvres gens qui croient
encore qu'une société peut
exister lorsqu'on y a tué
la liberté, aboli l'émulation,
étouffé la joie de vivre.

*
**

Il sera rappelé à l'honneur de mes agents qu'ils n'ont pas, durant trois années, versé une goutte de sang.

On a versé le leur.

C'est lorsqu'on est tourné vers le souvenir de ces vaillants, victimes du devoir, qu'on ressent plus cruellement les accusations de barbarie et d'inhumanité dont on voudrait accabler la police.

Ces accusations — je ne puis le taire — ont été douloureuses à mon cœur d'homme et à ma conscience de chef. Elles résonnent encore dans mon âme.

Inspecteurs et gardiens n'ont pas, dans la mission qu'ils ont sollicitée, deux moyens de se défendre et de se venger. Ils n'en ont qu'un :

S'élever si haut dans l'accomplissement de leur devoir qu'aucun soupçon ne puisse les atteindre.

Dans les circonstances les plus graves, suivant la règle immuable de ma vie, j'aurai un guide : la *Loi* ; une foi : la *Patrie* ; un idéal : la *Liberté*. Guide, foi, idéal ont pour moi un visage : *Paris*.

Je vais donc vers l'avenir avec le ferme propos de défendre, le cas échéant, Paris, image de la Patrie, symbole de la liberté, par tous les

moyens dont la loi m'autori-
serait à faire usage.

Ai-je besoin d'ajouter qu'entre toutes les solutions, c'est
la solution pacifique que je
rechercherai d'abord, parce
qu'elle est la plus humaine?

Si l'un de vous jetait vers
moi le cri séculaire : « Veil-
leur, comment est la nuit? »
je répondrais sans mensonge:
« La nuit est calme et l'aube
promet d'être sereine ».

Mais si des événements
graves se produisaient et venaient démentir mon heureu-

se prophétie, pourtant fondée sur une attention bien soutenue et une surveillance bien active, si les événements nous surprenaient, je ne serais pas seul à réagir et à combattre.

Le Conseil municipal de Paris, au cours des siècles, a toujours su, par sa vigilance, son énergie et sa dignité, garder la Ville des plus terribles dangers ; il ne saurait faillir à son rôle de gardien et de libérateur.

***

Je fais serment que l'assemblée parisienne me trouvera toujours près d'elle, et que nous nous emploierons d'un même cœur à nous rendre dignes du Paris de la Fronde, du 14 juillet, du Siège et de 1914.

Chaque fois que la loi a mis une arme entre mes mains, je m'en suis servi sans rigueur inutile, comme sans faiblesse, sans parti-pris, en toute impartialité, uniquement inspiré par le souci de remplir mon devoir.

C'est pour que le sang français ne soit pas versé inutilement que je prends les mesures qu'on me reproche si souvent.

Le Français, pour des raisons tirées d'événements très anciens, naît et grandit avec une certaine aversion de la police.

Il est puéril de nier ce sentiment : il serait dangereux de le négliger plus longtemps.

Malgré une nombreuse et trop attachante littérature, j'ai tenté depuis trois ans de répandre cette opinion que le policier a plus de droit à la sympathie unanime que le délinquant ou le malfaiteur, et qu'au demeurant, *ce n'est jamais le policier qui attaque..*

J'ai le bonheur d'avoir réussi au delà de mes espoirs. Un large courant de sympathie est désormais établi entre mes collaborateurs et la population.

Cette croisade doit être poursuivie sans défaillance et j'aurai pour compagnons tous ceux qui ont souci de la santé physique et morale de notre bien-aimé Paris.

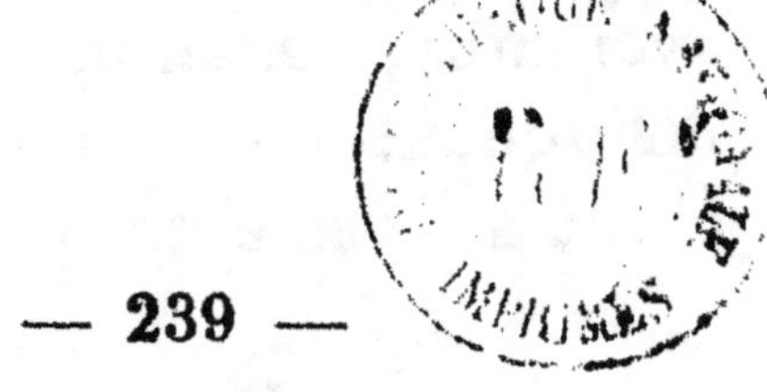

9 782329 206417